BILL PAYMENTS

MONTH OF

	BILL/EXPENSE	AMOUNT DUE	DATE DUE	AMOUNT PAID	DATE PAID
☐					
☐					
☐					
☐					
☐					
☐					
☐					
☐					
☐					
☐					
☐					
☐					
☐					
☐					
☐					
☐					
☐					
☐					

BILL PAYMENTS

MONTH OF

	BILL/EXPENSE	AMOUNT DUE	DATE DUE	AMOUNT PAID	DATE PAID
☐					
☐					
☐					
☐					
☐					
☐					
☐					
☐					
☐					
☐					
☐					
☐					
☐					
☐					
☐					
☐					
☐					
☐					

BILL PAYMENTS

MONTH OF

	BILL/EXPENSE	AMOUNT DUE	DATE DUE	AMOUNT PAID	DATE PAID
☐					
☐					
☐					
☐					
☐					
☐					
☐					
☐					
☐					
☐					
☐					
☐					
☐					
☐					
☐					
☐					
☐					
☐					

BILL PAYMENTS

MONTH OF

	BILL/EXPENSE	AMOUNT DUE	DATE DUE	AMOUNT PAID	DATE PAID
☐					
☐					
☐					
☐					
☐					
☐					
☐					
☐					
☐					
☐					
☐					
☐					
☐					
☐					
☐					
☐					
☐					
☐					

BILL PAYMENTS

MONTH OF

	BILL/EXPENSE	AMOUNT DUE	DATE DUE	AMOUNT PAID	DATE PAID
☐					
☐					
☐					
☐					
☐					
☐					
☐					
☐					
☐					
☐					
☐					
☐					
☐					
☐					
☐					
☐					
☐					
☐					

BILL PAYMENTS

MONTH OF

	BILL/EXPENSE	AMOUNT DUE	DATE DUE	AMOUNT PAID	DATE PAID
☐					
☐					
☐					
☐					
☐					
☐					
☐					
☐					
☐					
☐					
☐					
☐					
☐					
☐					
☐					
☐					
☐					
☐					

BILL PAYMENTS

MONTH OF

	BILL/EXPENSE	AMOUNT DUE	DATE DUE	AMOUNT PAID	DATE PAID
☐					
☐					
☐					
☐					
☐					
☐					
☐					
☐					
☐					
☐					
☐					
☐					
☐					
☐					
☐					
☐					
☐					
☐					

BILL PAYMENTS

MONTH OF

	BILL/EXPENSE	AMOUNT DUE	DATE DUE	AMOUNT PAID	DATE PAID
☐					
☐					
☐					
☐					
☐					
☐					
☐					
☐					
☐					
☐					
☐					
☐					
☐					
☐					
☐					
☐					
☐					
☐					

BILL PAYMENTS

MONTH OF

	BILL/EXPENSE	AMOUNT DUE	DATE DUE	AMOUNT PAID	DATE PAID
☐					
☐					
☐					
☐					
☐					
☐					
☐					
☐					
☐					
☐					
☐					
☐					
☐					
☐					
☐					
☐					
☐					
☐					

BILL PAYMENTS

MONTH OF

	BILL/EXPENSE	AMOUNT DUE	DATE DUE	AMOUNT PAID	DATE PAID
☐					
☐					
☐					
☐					
☐					
☐					
☐					
☐					
☐					
☐					
☐					
☐					
☐					
☐					
☐					
☐					
☐					
☐					

BILL PAYMENTS

MONTH OF

	BILL/EXPENSE	AMOUNT DUE	DATE DUE	AMOUNT PAID	DATE PAID
☐					
☐					
☐					
☐					
☐					
☐					
☐					
☐					
☐					
☐					
☐					
☐					
☐					
☐					
☐					
☐					
☐					
☐					

BILL PAYMENTS

MONTH OF

	BILL/EXPENSE	AMOUNT DUE	DATE DUE	AMOUNT PAID	DATE PAID
☐					
☐					
☐					
☐					
☐					
☐					
☐					
☐					
☐					
☐					
☐					
☐					
☐					
☐					
☐					
☐					
☐					
☐					

BILL PAYMENTS

MONTH OF

	BILL/EXPENSE	AMOUNT DUE	DATE DUE	AMOUNT PAID	DATE PAID
☐					
☐					
☐					
☐					
☐					
☐					
☐					
☐					
☐					
☐					
☐					
☐					
☐					
☐					
☐					
☐					
☐					
☐					

BILL PAYMENTS

MONTH OF

	BILL/EXPENSE	AMOUNT DUE	DATE DUE	AMOUNT PAID	DATE PAID
☐					
☐					
☐					
☐					
☐					
☐					
☐					
☐					
☐					
☐					
☐					
☐					
☐					
☐					
☐					
☐					
☐					
☐					

BILL PAYMENTS

MONTH OF

	BILL/EXPENSE	AMOUNT DUE	DATE DUE	AMOUNT PAID	DATE PAID
☐					
☐					
☐					
☐					
☐					
☐					
☐					
☐					
☐					
☐					
☐					
☐					
☐					
☐					
☐					
☐					
☐					
☐					

BILL PAYMENTS

MONTH OF

	BILL/EXPENSE	AMOUNT DUE	DATE DUE	AMOUNT PAID	DATE PAID
☐					
☐					
☐					
☐					
☐					
☐					
☐					
☐					
☐					
☐					
☐					
☐					
☐					
☐					
☐					
☐					
☐					
☐					

BILL PAYMENTS

MONTH OF

	BILL/EXPENSE	AMOUNT DUE	DATE DUE	AMOUNT PAID	DATE PAID
☐					
☐					
☐					
☐					
☐					
☐					
☐					
☐					
☐					
☐					
☐					
☐					
☐					
☐					
☐					
☐					
☐					
☐					

BILL PAYMENTS

MONTH OF

	BILL/EXPENSE	AMOUNT DUE	DATE DUE	AMOUNT PAID	DATE PAID
☐					
☐					
☐					
☐					
☐					
☐					
☐					
☐					
☐					
☐					
☐					
☐					
☐					
☐					
☐					
☐					
☐					
☐					

BILL PAYMENTS

MONTH OF

	BILL/EXPENSE	AMOUNT DUE	DATE DUE	AMOUNT PAID	DATE PAID
☐					
☐					
☐					
☐					
☐					
☐					
☐					
☐					
☐					
☐					
☐					
☐					
☐					
☐					
☐					
☐					
☐					
☐					

BILL PAYMENTS

MONTH OF

	BILL/EXPENSE	AMOUNT DUE	DATE DUE	AMOUNT PAID	DATE PAID
☐					
☐					
☐					
☐					
☐					
☐					
☐					
☐					
☐					
☐					
☐					
☐					
☐					
☐					
☐					
☐					
☐					
☐					

BILL PAYMENTS

MONTH OF

	BILL/EXPENSE	AMOUNT DUE	DATE DUE	AMOUNT PAID	DATE PAID
☐					
☐					
☐					
☐					
☐					
☐					
☐					
☐					
☐					
☐					
☐					
☐					
☐					
☐					
☐					
☐					
☐					
☐					

BILL PAYMENTS

MONTH OF

	BILL/EXPENSE	AMOUNT DUE	DATE DUE	AMOUNT PAID	DATE PAID
☐					
☐					
☐					
☐					
☐					
☐					
☐					
☐					
☐					
☐					
☐					
☐					
☐					
☐					
☐					
☐					
☐					
☐					

BILL PAYMENTS

MONTH OF

	BILL/EXPENSE	AMOUNT DUE	DATE DUE	AMOUNT PAID	DATE PAID
☐					
☐					
☐					
☐					
☐					
☐					
☐					
☐					
☐					
☐					
☐					
☐					
☐					
☐					
☐					
☐					
☐					
☐					

BILL PAYMENTS

MONTH OF

	BILL/EXPENSE	AMOUNT DUE	DATE DUE	AMOUNT PAID	DATE PAID
☐					
☐					
☐					
☐					
☐					
☐					
☐					
☐					
☐					
☐					
☐					
☐					
☐					
☐					
☐					
☐					
☐					
☐					

BILL PAYMENTS

MONTH OF

	BILL/EXPENSE	AMOUNT DUE	DATE DUE	AMOUNT PAID	DATE PAID
☐					
☐					
☐					
☐					
☐					
☐					
☐					
☐					
☐					
☐					
☐					
☐					
☐					
☐					
☐					
☐					
☐					
☐					

BILL PAYMENTS

MONTH OF

	BILL/EXPENSE	AMOUNT DUE	DATE DUE	AMOUNT PAID	DATE PAID
☐					
☐					
☐					
☐					
☐					
☐					
☐					
☐					
☐					
☐					
☐					
☐					
☐					
☐					
☐					
☐					
☐					
☐					

BILL PAYMENTS

MONTH OF

	BILL/EXPENSE	AMOUNT DUE	DATE DUE	AMOUNT PAID	DATE PAID
☐					
☐					
☐					
☐					
☐					
☐					
☐					
☐					
☐					
☐					
☐					
☐					
☐					
☐					
☐					
☐					
☐					
☐					

BILL PAYMENTS

MONTH OF

	BILL/EXPENSE	AMOUNT DUE	DATE DUE	AMOUNT PAID	DATE PAID
☐					
☐					
☐					
☐					
☐					
☐					
☐					
☐					
☐					
☐					
☐					
☐					
☐					
☐					
☐					
☐					
☐					
☐					

BILL PAYMENTS

MONTH OF

	BILL/EXPENSE	AMOUNT DUE	DATE DUE	AMOUNT PAID	DATE PAID
☐					
☐					
☐					
☐					
☐					
☐					
☐					
☐					
☐					
☐					
☐					
☐					
☐					
☐					
☐					
☐					
☐					
☐					

BILL PAYMENTS

MONTH OF

	BILL/EXPENSE	AMOUNT DUE	DATE DUE	AMOUNT PAID	DATE PAID
☐					
☐					
☐					
☐					
☐					
☐					
☐					
☐					
☐					
☐					
☐					
☐					
☐					
☐					
☐					
☐					
☐					
☐					

BILL PAYMENTS

MONTH OF

	BILL/EXPENSE	AMOUNT DUE	DATE DUE	AMOUNT PAID	DATE PAID
☐					
☐					
☐					
☐					
☐					
☐					
☐					
☐					
☐					
☐					
☐					
☐					
☐					
☐					
☐					
☐					
☐					
☐					

BILL PAYMENTS

MONTH OF

	BILL/EXPENSE	AMOUNT DUE	DATE DUE	AMOUNT PAID	DATE PAID
☐					
☐					
☐					
☐					
☐					
☐					
☐					
☐					
☐					
☐					
☐					
☐					
☐					
☐					
☐					
☐					
☐					
☐					

BILL PAYMENTS

MONTH OF

	BILL/EXPENSE	AMOUNT DUE	DATE DUE	AMOUNT PAID	DATE PAID
☐					
☐					
☐					
☐					
☐					
☐					
☐					
☐					
☐					
☐					
☐					
☐					
☐					
☐					
☐					
☐					
☐					
☐					

BILL PAYMENTS

MONTH OF

	BILL/EXPENSE	AMOUNT DUE	DATE DUE	AMOUNT PAID	DATE PAID
☐					
☐					
☐					
☐					
☐					
☐					
☐					
☐					
☐					
☐					
☐					
☐					
☐					
☐					
☐					
☐					
☐					
☐					

BILL PAYMENTS

MONTH OF

	BILL/EXPENSE	AMOUNT DUE	DATE DUE	AMOUNT PAID	DATE PAID
☐					
☐					
☐					
☐					
☐					
☐					
☐					
☐					
☐					
☐					
☐					
☐					
☐					
☐					
☐					
☐					
☐					
☐					

BILL PAYMENTS

MONTH OF

	BILL/EXPENSE	AMOUNT DUE	DATE DUE	AMOUNT PAID	DATE PAID
☐					
☐					
☐					
☐					
☐					
☐					
☐					
☐					
☐					
☐					
☐					
☐					
☐					
☐					
☐					
☐					
☐					
☐					

BILL PAYMENTS

MONTH OF

	BILL/EXPENSE	AMOUNT DUE	DATE DUE	AMOUNT PAID	DATE PAID
☐					
☐					
☐					
☐					
☐					
☐					
☐					
☐					
☐					
☐					
☐					
☐					
☐					
☐					
☐					
☐					
☐					
☐					

BILL PAYMENTS

MONTH OF

	BILL/EXPENSE	AMOUNT DUE	DATE DUE	AMOUNT PAID	DATE PAID
☐					
☐					
☐					
☐					
☐					
☐					
☐					
☐					
☐					
☐					
☐					
☐					
☐					
☐					
☐					
☐					
☐					
☐					

BILL PAYMENTS

MONTH OF

	BILL/EXPENSE	AMOUNT DUE	DATE DUE	AMOUNT PAID	DATE PAID
☐					
☐					
☐					
☐					
☐					
☐					
☐					
☐					
☐					
☐					
☐					
☐					
☐					
☐					
☐					
☐					
☐					
☐					

BILL PAYMENTS

MONTH OF

	BILL/EXPENSE	AMOUNT DUE	DATE DUE	AMOUNT PAID	DATE PAID
☐					
☐					
☐					
☐					
☐					
☐					
☐					
☐					
☐					
☐					
☐					
☐					
☐					
☐					
☐					
☐					
☐					
☐					

BILL PAYMENTS

MONTH OF

	BILL/EXPENSE	AMOUNT DUE	DATE DUE	AMOUNT PAID	DATE PAID
☐					
☐					
☐					
☐					
☐					
☐					
☐					
☐					
☐					
☐					
☐					
☐					
☐					
☐					
☐					
☐					
☐					
☐					

BILL PAYMENTS

MONTH OF

	BILL/EXPENSE	AMOUNT DUE	DATE DUE	AMOUNT PAID	DATE PAID
☐					
☐					
☐					
☐					
☐					
☐					
☐					
☐					
☐					
☐					
☐					
☐					
☐					
☐					
☐					
☐					
☐					
☐					

BILL PAYMENTS

MONTH OF

	BILL/EXPENSE	AMOUNT DUE	DATE DUE	AMOUNT PAID	DATE PAID
☐					
☐					
☐					
☐					
☐					
☐					
☐					
☐					
☐					
☐					
☐					
☐					
☐					
☐					
☐					
☐					
☐					
☐					

BILL PAYMENTS

MONTH OF

	BILL/EXPENSE	AMOUNT DUE	DATE DUE	AMOUNT PAID	DATE PAID
☐					
☐					
☐					
☐					
☐					
☐					
☐					
☐					
☐					
☐					
☐					
☐					
☐					
☐					
☐					
☐					
☐					
☐					

BILL PAYMENTS

MONTH OF

	BILL/EXPENSE	AMOUNT DUE	DATE DUE	AMOUNT PAID	DATE PAID
☐					
☐					
☐					
☐					
☐					
☐					
☐					
☐					
☐					
☐					
☐					
☐					
☐					
☐					
☐					
☐					
☐					
☐					

BILL PAYMENTS

MONTH OF

	BILL/EXPENSE	AMOUNT DUE	DATE DUE	AMOUNT PAID	DATE PAID
☐					
☐					
☐					
☐					
☐					
☐					
☐					
☐					
☐					
☐					
☐					
☐					
☐					
☐					
☐					
☐					
☐					
☐					

BILL PAYMENTS

MONTH OF

	BILL/EXPENSE	AMOUNT DUE	DATE DUE	AMOUNT PAID	DATE PAID
☐					
☐					
☐					
☐					
☐					
☐					
☐					
☐					
☐					
☐					
☐					
☐					
☐					
☐					
☐					
☐					
☐					
☐					

BILL PAYMENTS

MONTH OF

	BILL/EXPENSE	AMOUNT DUE	DATE DUE	AMOUNT PAID	DATE PAID
☐					
☐					
☐					
☐					
☐					
☐					
☐					
☐					
☐					
☐					
☐					
☐					
☐					
☐					
☐					
☐					
☐					
☐					

BILL PAYMENTS

MONTH OF

	BILL/EXPENSE	AMOUNT DUE	DATE DUE	AMOUNT PAID	DATE PAID
☐					
☐					
☐					
☐					
☐					
☐					
☐					
☐					
☐					
☐					
☐					
☐					
☐					
☐					
☐					
☐					
☐					
☐					

BILL PAYMENTS

MONTH OF

	BILL/EXPENSE	AMOUNT DUE	DATE DUE	AMOUNT PAID	DATE PAID
☐					
☐					
☐					
☐					
☐					
☐					
☐					
☐					
☐					
☐					
☐					
☐					
☐					
☐					
☐					
☐					
☐					
☐					

BILL PAYMENTS

MONTH OF

	BILL/EXPENSE	AMOUNT DUE	DATE DUE	AMOUNT PAID	DATE PAID
☐					
☐					
☐					
☐					
☐					
☐					
☐					
☐					
☐					
☐					
☐					
☐					
☐					
☐					
☐					
☐					
☐					
☐					

BILL PAYMENTS

MONTH OF

	BILL/EXPENSE	AMOUNT DUE	DATE DUE	AMOUNT PAID	DATE PAID
☐					
☐					
☐					
☐					
☐					
☐					
☐					
☐					
☐					
☐					
☐					
☐					
☐					
☐					
☐					
☐					
☐					
☐					

BILL PAYMENTS

MONTH OF

	BILL/EXPENSE	AMOUNT DUE	DATE DUE	AMOUNT PAID	DATE PAID
☐					
☐					
☐					
☐					
☐					
☐					
☐					
☐					
☐					
☐					
☐					
☐					
☐					
☐					
☐					
☐					
☐					
☐					

BILL PAYMENTS

MONTH OF

	BILL/EXPENSE	AMOUNT DUE	DATE DUE	AMOUNT PAID	DATE PAID
☐					
☐					
☐					
☐					
☐					
☐					
☐					
☐					
☐					
☐					
☐					
☐					
☐					
☐					
☐					
☐					
☐					
☐					

BILL PAYMENTS

MONTH OF

	BILL/EXPENSE	AMOUNT DUE	DATE DUE	AMOUNT PAID	DATE PAID
☐					
☐					
☐					
☐					
☐					
☐					
☐					
☐					
☐					
☐					
☐					
☐					
☐					
☐					
☐					
☐					
☐					
☐					

BILL PAYMENTS

MONTH OF

	BILL/EXPENSE	AMOUNT DUE	DATE DUE	AMOUNT PAID	DATE PAID
☐					
☐					
☐					
☐					
☐					
☐					
☐					
☐					
☐					
☐					
☐					
☐					
☐					
☐					
☐					
☐					
☐					
☐					

BILL PAYMENTS

MONTH OF

	BILL/EXPENSE	AMOUNT DUE	DATE DUE	AMOUNT PAID	DATE PAID
☐					
☐					
☐					
☐					
☐					
☐					
☐					
☐					
☐					
☐					
☐					
☐					
☐					
☐					
☐					
☐					
☐					
☐					

BILL PAYMENTS

MONTH OF

	BILL/EXPENSE	AMOUNT DUE	DATE DUE	AMOUNT PAID	DATE PAID
☐					
☐					
☐					
☐					
☐					
☐					
☐					
☐					
☐					
☐					
☐					
☐					
☐					
☐					
☐					
☐					
☐					
☐					

BILL PAYMENTS

MONTH OF

	BILL/EXPENSE	AMOUNT DUE	DATE DUE	AMOUNT PAID	DATE PAID
☐					
☐					
☐					
☐					
☐					
☐					
☐					
☐					
☐					
☐					
☐					
☐					
☐					
☐					
☐					
☐					
☐					
☐					

BILL PAYMENTS

MONTH OF

	BILL/EXPENSE	AMOUNT DUE	DATE DUE	AMOUNT PAID	DATE PAID
☐					
☐					
☐					
☐					
☐					
☐					
☐					
☐					
☐					
☐					
☐					
☐					
☐					
☐					
☐					
☐					
☐					
☐					

BILL PAYMENTS

MONTH OF

	BILL/EXPENSE	AMOUNT DUE	DATE DUE	AMOUNT PAID	DATE PAID
☐					
☐					
☐					
☐					
☐					
☐					
☐					
☐					
☐					
☐					
☐					
☐					
☐					
☐					
☐					
☐					
☐					
☐					
☐					

BILL PAYMENTS

MONTH OF

	BILL/EXPENSE	AMOUNT DUE	DATE DUE	AMOUNT PAID	DATE PAID
☐					
☐					
☐					
☐					
☐					
☐					
☐					
☐					
☐					
☐					
☐					
☐					
☐					
☐					
☐					
☐					
☐					
☐					

BILL PAYMENTS

MONTH OF

	BILL/EXPENSE	AMOUNT DUE	DATE DUE	AMOUNT PAID	DATE PAID
☐					
☐					
☐					
☐					
☐					
☐					
☐					
☐					
☐					
☐					
☐					
☐					
☐					
☐					
☐					
☐					
☐					
☐					

BILL PAYMENTS

MONTH OF

	BILL/EXPENSE	AMOUNT DUE	DATE DUE	AMOUNT PAID	DATE PAID
☐					
☐					
☐					
☐					
☐					
☐					
☐					
☐					
☐					
☐					
☐					
☐					
☐					
☐					
☐					
☐					
☐					
☐					

BILL PAYMENTS

MONTH OF

	BILL/EXPENSE	AMOUNT DUE	DATE DUE	AMOUNT PAID	DATE PAID
☐					
☐					
☐					
☐					
☐					
☐					
☐					
☐					
☐					
☐					
☐					
☐					
☐					
☐					
☐					
☐					
☐					
☐					

BILL PAYMENTS

MONTH OF

	BILL/EXPENSE	AMOUNT DUE	DATE DUE	AMOUNT PAID	DATE PAID
☐					
☐					
☐					
☐					
☐					
☐					
☐					
☐					
☐					
☐					
☐					
☐					
☐					
☐					
☐					
☐					
☐					
☐					

BILL PAYMENTS

MONTH OF

	BILL/EXPENSE	AMOUNT DUE	DATE DUE	AMOUNT PAID	DATE PAID
☐					
☐					
☐					
☐					
☐					
☐					
☐					
☐					
☐					
☐					
☐					
☐					
☐					
☐					
☐					
☐					
☐					
☐					

BILL PAYMENTS

MONTH OF

	BILL/EXPENSE	AMOUNT DUE	DATE DUE	AMOUNT PAID	DATE PAID
☐					
☐					
☐					
☐					
☐					
☐					
☐					
☐					
☐					
☐					
☐					
☐					
☐					
☐					
☐					
☐					
☐					
☐					

BILL PAYMENTS

MONTH OF

	BILL/EXPENSE	AMOUNT DUE	DATE DUE	AMOUNT PAID	DATE PAID
☐					
☐					
☐					
☐					
☐					
☐					
☐					
☐					
☐					
☐					
☐					
☐					
☐					
☐					
☐					
☐					
☐					
☐					

BILL PAYMENTS

MONTH OF

	BILL/EXPENSE	AMOUNT DUE	DATE DUE	AMOUNT PAID	DATE PAID
☐					
☐					
☐					
☐					
☐					
☐					
☐					
☐					
☐					
☐					
☐					
☐					
☐					
☐					
☐					
☐					
☐					
☐					
☐					

BILL PAYMENTS

MONTH OF

	BILL/EXPENSE	AMOUNT DUE	DATE DUE	AMOUNT PAID	DATE PAID
☐					
☐					
☐					
☐					
☐					
☐					
☐					
☐					
☐					
☐					
☐					
☐					
☐					
☐					
☐					
☐					
☐					
☐					

BILL PAYMENTS

MONTH OF

	BILL/EXPENSE	AMOUNT DUE	DATE DUE	AMOUNT PAID	DATE PAID
☐					
☐					
☐					
☐					
☐					
☐					
☐					
☐					
☐					
☐					
☐					
☐					
☐					
☐					
☐					
☐					
☐					
☐					

BILL PAYMENTS

MONTH OF

	BILL/EXPENSE	AMOUNT DUE	DATE DUE	AMOUNT PAID	DATE PAID
☐					
☐					
☐					
☐					
☐					
☐					
☐					
☐					
☐					
☐					
☐					
☐					
☐					
☐					
☐					
☐					
☐					
☐					

BILL PAYMENTS

MONTH OF

	BILL/EXPENSE	AMOUNT DUE	DATE DUE	AMOUNT PAID	DATE PAID
☐					
☐					
☐					
☐					
☐					
☐					
☐					
☐					
☐					
☐					
☐					
☐					
☐					
☐					
☐					
☐					
☐					
☐					

BILL PAYMENTS

MONTH OF

	BILL/EXPENSE	AMOUNT DUE	DATE DUE	AMOUNT PAID	DATE PAID
☐					
☐					
☐					
☐					
☐					
☐					
☐					
☐					
☐					
☐					
☐					
☐					
☐					
☐					
☐					
☐					
☐					
☐					

BILL PAYMENTS

MONTH OF

	BILL/EXPENSE	AMOUNT DUE	DATE DUE	AMOUNT PAID	DATE PAID
☐					
☐					
☐					
☐					
☐					
☐					
☐					
☐					
☐					
☐					
☐					
☐					
☐					
☐					
☐					
☐					
☐					
☐					

BILL PAYMENTS

MONTH OF

	BILL/EXPENSE	AMOUNT DUE	DATE DUE	AMOUNT PAID	DATE PAID
☐					
☐					
☐					
☐					
☐					
☐					
☐					
☐					
☐					
☐					
☐					
☐					
☐					
☐					
☐					
☐					
☐					
☐					

BILL PAYMENTS

MONTH OF

	BILL/EXPENSE	AMOUNT DUE	DATE DUE	AMOUNT PAID	DATE PAID
☐					
☐					
☐					
☐					
☐					
☐					
☐					
☐					
☐					
☐					
☐					
☐					
☐					
☐					
☐					
☐					
☐					
☐					

BILL PAYMENTS

MONTH OF

	BILL/EXPENSE	AMOUNT DUE	DATE DUE	AMOUNT PAID	DATE PAID
☐					
☐					
☐					
☐					
☐					
☐					
☐					
☐					
☐					
☐					
☐					
☐					
☐					
☐					
☐					
☐					
☐					
☐					

BILL PAYMENTS

MONTH OF

	BILL/EXPENSE	AMOUNT DUE	DATE DUE	AMOUNT PAID	DATE PAID
☐					
☐					
☐					
☐					
☐					
☐					
☐					
☐					
☐					
☐					
☐					
☐					
☐					
☐					
☐					
☐					
☐					
☐					

BILL PAYMENTS

MONTH OF

	BILL/EXPENSE	AMOUNT DUE	DATE DUE	AMOUNT PAID	DATE PAID
☐					
☐					
☐					
☐					
☐					
☐					
☐					
☐					
☐					
☐					
☐					
☐					
☐					
☐					
☐					
☐					
☐					
☐					

BILL PAYMENTS

MONTH OF

	BILL/EXPENSE	AMOUNT DUE	DATE DUE	AMOUNT PAID	DATE PAID
☐					
☐					
☐					
☐					
☐					
☐					
☐					
☐					
☐					
☐					
☐					
☐					
☐					
☐					
☐					
☐					
☐					
☐					

BILL PAYMENTS

MONTH OF

	BILL/EXPENSE	AMOUNT DUE	DATE DUE	AMOUNT PAID	DATE PAID
☐					
☐					
☐					
☐					
☐					
☐					
☐					
☐					
☐					
☐					
☐					
☐					
☐					
☐					
☐					
☐					
☐					
☐					

BILL PAYMENTS

MONTH OF

	BILL/EXPENSE	AMOUNT DUE	DATE DUE	AMOUNT PAID	DATE PAID
☐					
☐					
☐					
☐					
☐					
☐					
☐					
☐					
☐					
☐					
☐					
☐					
☐					
☐					
☐					
☐					
☐					
☐					

BILL PAYMENTS

MONTH OF

	BILL/EXPENSE	AMOUNT DUE	DATE DUE	AMOUNT PAID	DATE PAID
☐					
☐					
☐					
☐					
☐					
☐					
☐					
☐					
☐					
☐					
☐					
☐					
☐					
☐					
☐					
☐					
☐					
☐					

BILL PAYMENTS

MONTH OF

	BILL/EXPENSE	AMOUNT DUE	DATE DUE	AMOUNT PAID	DATE PAID
☐					
☐					
☐					
☐					
☐					
☐					
☐					
☐					
☐					
☐					
☐					
☐					
☐					
☐					
☐					
☐					
☐					
☐					

BILL PAYMENTS

MONTH OF

	BILL/EXPENSE	AMOUNT DUE	DATE DUE	AMOUNT PAID	DATE PAID
☐					
☐					
☐					
☐					
☐					
☐					
☐					
☐					
☐					
☐					
☐					
☐					
☐					
☐					
☐					
☐					
☐					
☐					

BILL PAYMENTS

MONTH OF

	BILL/EXPENSE	AMOUNT DUE	DATE DUE	AMOUNT PAID	DATE PAID
☐					
☐					
☐					
☐					
☐					
☐					
☐					
☐					
☐					
☐					
☐					
☐					
☐					
☐					
☐					
☐					
☐					
☐					

BILL PAYMENTS

MONTH OF

	BILL/EXPENSE	AMOUNT DUE	DATE DUE	AMOUNT PAID	DATE PAID
☐					
☐					
☐					
☐					
☐					
☐					
☐					
☐					
☐					
☐					
☐					
☐					
☐					
☐					
☐					
☐					
☐					
☐					

BILL PAYMENTS

MONTH OF

	BILL/EXPENSE	AMOUNT DUE	DATE DUE	AMOUNT PAID	DATE PAID
☐					
☐					
☐					
☐					
☐					
☐					
☐					
☐					
☐					
☐					
☐					
☐					
☐					
☐					
☐					
☐					
☐					
☐					

BILL PAYMENTS

MONTH OF

	BILL/EXPENSE	AMOUNT DUE	DATE DUE	AMOUNT PAID	DATE PAID
☐					
☐					
☐					
☐					
☐					
☐					
☐					
☐					
☐					
☐					
☐					
☐					
☐					
☐					
☐					
☐					
☐					
☐					

BILL PAYMENTS

MONTH OF

	BILL/EXPENSE	AMOUNT DUE	DATE DUE	AMOUNT PAID	DATE PAID
☐					
☐					
☐					
☐					
☐					
☐					
☐					
☐					
☐					
☐					
☐					
☐					
☐					
☐					
☐					
☐					
☐					
☐					

BILL PAYMENTS

MONTH OF

	BILL/EXPENSE	AMOUNT DUE	DATE DUE	AMOUNT PAID	DATE PAID
☐					
☐					
☐					
☐					
☐					
☐					
☐					
☐					
☐					
☐					
☐					
☐					
☐					
☐					
☐					
☐					
☐					
☐					

BILL PAYMENTS

MONTH OF

	BILL/EXPENSE	AMOUNT DUE	DATE DUE	AMOUNT PAID	DATE PAID
☐					
☐					
☐					
☐					
☐					
☐					
☐					
☐					
☐					
☐					
☐					
☐					
☐					
☐					
☐					
☐					
☐					
☐					

BILL PAYMENTS

MONTH OF

	BILL/EXPENSE	AMOUNT DUE	DATE DUE	AMOUNT PAID	DATE PAID
☐					
☐					
☐					
☐					
☐					
☐					
☐					
☐					
☐					
☐					
☐					
☐					
☐					
☐					
☐					
☐					
☐					
☐					

BILL PAYMENTS

MONTH OF

	BILL/EXPENSE	AMOUNT DUE	DATE DUE	AMOUNT PAID	DATE PAID
☐					
☐					
☐					
☐					
☐					
☐					
☐					
☐					
☐					
☐					
☐					
☐					
☐					
☐					
☐					
☐					
☐					
☐					

BILL PAYMENTS

MONTH OF

	BILL/EXPENSE	AMOUNT DUE	DATE DUE	AMOUNT PAID	DATE PAID
☐					
☐					
☐					
☐					
☐					
☐					
☐					
☐					
☐					
☐					
☐					
☐					
☐					
☐					
☐					
☐					
☐					
☐					

BILL PAYMENTS

MONTH OF

	BILL/EXPENSE	AMOUNT DUE	DATE DUE	AMOUNT PAID	DATE PAID
☐					
☐					
☐					
☐					
☐					
☐					
☐					
☐					
☐					
☐					
☐					
☐					
☐					
☐					
☐					
☐					
☐					
☐					

BILL PAYMENTS

MONTH OF

	BILL/EXPENSE	AMOUNT DUE	DATE DUE	AMOUNT PAID	DATE PAID
☐					
☐					
☐					
☐					
☐					
☐					
☐					
☐					
☐					
☐					
☐					
☐					
☐					
☐					
☐					
☐					
☐					
☐					

BILL PAYMENTS

MONTH OF

	BILL/EXPENSE	AMOUNT DUE	DATE DUE	AMOUNT PAID	DATE PAID
☐					
☐					
☐					
☐					
☐					
☐					
☐					
☐					
☐					
☐					
☐					
☐					
☐					
☐					
☐					
☐					
☐					
☐					

BILL PAYMENTS

MONTH OF

	BILL/EXPENSE	AMOUNT DUE	DATE DUE	AMOUNT PAID	DATE PAID
☐					
☐					
☐					
☐					
☐					
☐					
☐					
☐					
☐					
☐					
☐					
☐					
☐					
☐					
☐					
☐					
☐					
☐					

BILL PAYMENTS

MONTH OF

	BILL/EXPENSE	AMOUNT DUE	DATE DUE	AMOUNT PAID	DATE PAID
☐					
☐					
☐					
☐					
☐					
☐					
☐					
☐					
☐					
☐					
☐					
☐					
☐					
☐					
☐					
☐					
☐					
☐					

BILL PAYMENTS

MONTH OF

	BILL/EXPENSE	AMOUNT DUE	DATE DUE	AMOUNT PAID	DATE PAID
☐					
☐					
☐					
☐					
☐					
☐					
☐					
☐					
☐					
☐					
☐					
☐					
☐					
☐					
☐					
☐					
☐					
☐					

BILL PAYMENTS

MONTH OF

	BILL/EXPENSE	AMOUNT DUE	DATE DUE	AMOUNT PAID	DATE PAID
☐					
☐					
☐					
☐					
☐					
☐					
☐					
☐					
☐					
☐					
☐					
☐					
☐					
☐					
☐					
☐					
☐					
☐					

BILL PAYMENTS

MONTH OF

	BILL/EXPENSE	AMOUNT DUE	DATE DUE	AMOUNT PAID	DATE PAID
☐					
☐					
☐					
☐					
☐					
☐					
☐					
☐					
☐					
☐					
☐					
☐					
☐					
☐					
☐					
☐					
☐					
☐					

BILL PAYMENTS

MONTH OF

	BILL/EXPENSE	AMOUNT DUE	DATE DUE	AMOUNT PAID	DATE PAID
☐					
☐					
☐					
☐					
☐					
☐					
☐					
☐					
☐					
☐					
☐					
☐					
☐					
☐					
☐					
☐					
☐					
☐					

BILL PAYMENTS

MONTH OF

	BILL/EXPENSE	AMOUNT DUE	DATE DUE	AMOUNT PAID	DATE PAID
☐					
☐					
☐					
☐					
☐					
☐					
☐					
☐					
☐					
☐					
☐					
☐					
☐					
☐					
☐					
☐					
☐					
☐					

PASSWORDS

SKIP A ROW BETWEEN EACH ENTRY

SITE	LOGIN	PASSWORD	NOTES

PASSWORDS

SKIP A ROW BETWEEN EACH ENTRY

SITE	LOGIN	PASSWORD	NOTES

PASSWORDS

SKIP A ROW BETWEEN EACH ENTRY

SITE	LOGIN	PASSWORD	NOTES

PASSWORDS

SKIP A ROW BETWEEN EACH ENTRY

SITE	LOGIN	PASSWORD	NOTES

PASSWORDS

SKIP A ROW BETWEEN EACH ENTRY

SITE	LOGIN	PASSWORD	NOTES

PASSWORDS

SKIP A ROW BETWEEN EACH ENTRY

SITE	LOGIN	PASSWORD	NOTES

PASSWORDS

SKIP A ROW BETWEEN EACH ENTRY

SITE	LOGIN	PASSWORD	NOTES

PASSWORDS

SKIP A ROW BETWEEN EACH ENTRY

SITE	LOGIN	PASSWORD	NOTES

SUBSCRIPTIONS

MEMBERSHIP	COST	DUE MONTHLY	DUE YEARLY	AUTO RENEW
		☐	☐	
		☐	☐	
		☐	☐	
		☐	☐	
		☐	☐	
		☐	☐	
		☐	☐	
		☐	☐	
		☐	☐	
		☐	☐	
		☐	☐	
		☐	☐	
		☐	☐	
		☐	☐	
		☐	☐	
		☐	☐	
		☐	☐	

SUBSCRIPTIONS

MEMBERSHIP	COST	DUE MONTHLY	DUE YEARLY	AUTO RENEW
		☐	☐	
		☐	☐	
		☐	☐	
		☐	☐	
		☐	☐	
		☐	☐	
		☐	☐	
		☐	☐	
		☐	☐	
		☐	☐	
		☐	☐	
		☐	☐	
		☐	☐	
		☐	☐	
		☐	☐	
		☐	☐	
		☐	☐	

SUBSCRIPTIONS

MEMBERSHIP	COST	DUE MONTHLY	DUE YEARLY	AUTO RENEW
		☐	☐	
		☐	☐	
		☐	☐	
		☐	☐	
		☐	☐	
		☐	☐	
		☐	☐	
		☐	☐	
		☐	☐	
		☐	☐	
		☐	☐	
		☐	☐	
		☐	☐	
		☐	☐	
		☐	☐	
		☐	☐	
		☐	☐	

SUBSCRIPTIONS

MEMBERSHIP	COST	DUE MONTHLY	DUE YEARLY	AUTO RENEW
		☐	☐	
		☐	☐	
		☐	☐	
		☐	☐	
		☐	☐	
		☐	☐	
		☐	☐	
		☐	☐	
		☐	☐	
		☐	☐	
		☐	☐	
		☐	☐	
		☐	☐	
		☐	☐	
		☐	☐	
		☐	☐	
		☐	☐	

SUBSCRIPTIONS

MEMBERSHIP	COST	DUE MONTHLY	DUE YEARLY	AUTO RENEW
		☐	☐	
		☐	☐	
		☐	☐	
		☐	☐	
		☐	☐	
		☐	☐	
		☐	☐	
		☐	☐	
		☐	☐	
		☐	☐	
		☐	☐	
		☐	☐	
		☐	☐	
		☐	☐	
		☐	☐	
		☐	☐	
		☐	☐	

Made in United States
Troutdale, OR
11/03/2026

56844447R00069